AF440259

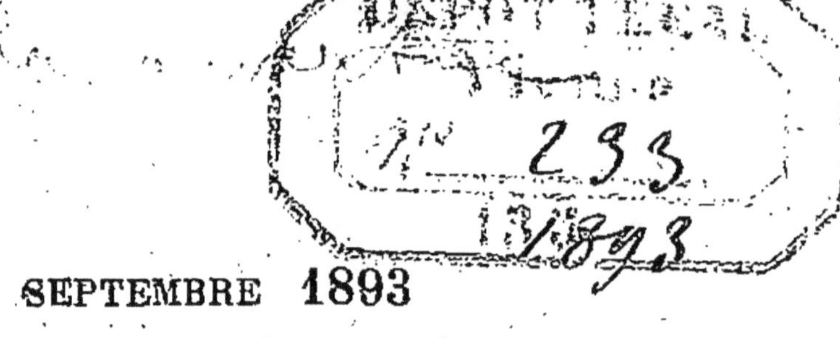

APRÈS LES ÉLECTIONS LÉGISLATIVES

COLLOQUE

ENTRE

Jean TOUPET et Louis RETORD

PRIX : **0 FR. 20** CENTIMES

SEPTEMBRE 1893

Après les élections législatives

COLLOQUE

ENTRE

JEAN TOUPET ET LOUIS RETORD

Jean Toupet. — Bonjour, mon voisin, la santé va-t-elle bien ? — Pas mal, et vous ? — Assez bien, merci.

Eh bien ! voisin, nous voilà encore débarrassé de nos élections, Dieu merci !

Louis Retord. — Pour moi, la veille ou le lendemain, ça m'est égal ; du reste, je ne me dérange plus pour aller voter, j'aime autant soigner mes bœufs.

Jean Toupet. — Vous avez tort ! à mon avis, voisin.

Louis Retord. — Tort ou pas tort, c'est une habitude dont je ne me départirai pas facilement.

Jean Toupet. — Dame ! pourquoi ne suivez-vous pas l'exemple de beaucoup d'autres qui votent et par conséquent font acte de citoyens ? Si personne ne votait, comment faire pour connaître les aspirations du pays ?

Louis Retord. — En fait d'aspirations, moi j'aspire à ce qu'on me laisse tranquille, ne voulant en rien troubler la tranquillité des autres.

Jean Toupet. — Mais moi qui vote, je ne prétends pas pour cela gêner qui que ce soit ; j'exprime simplement une façon de voir politique en attribuant mon vote au candidat qui a ma confiance.

Louis Retord. — En fait de confiance, voyez-vous, voisin ! la mienne est très limitée ; c'est à peine si j'aurais confiance en moi en déposant un bulletin dans l'urne.

Jean Toupet. — Vous pouvez toujours, sans crainte de vous tromper, affirmer vos sentiments pour ou contre la république.

Louis Retord. — Permettez ! je suis républicain, mais ce qui m'embrouille, c'est la nuance.

Jean Toupet. — Mais, voisin, il n'y a pas deux façons d'envisager la république ; la république, c'est la république, voilà tout.

Louis Retord. — Pardon, on m'a parlé de plusieurs :

1° La république modérée ;

2° La république démocratique ;

3° La république démocratique progressiste ;

4° La république radicale ;

5º La république radicale socialiste ;

6º La république socialiste ;

7º La république socialiste révolutionnaire ;

8º La république anarchiste.

En voilà huit, sans compter toutes les autres, et vous trouvez que ce n'est pas embrouillant ?

Jean Toupet. — Sans doute, mais vous avez pour vous guider les professions de foi des candidats.

Louis Retord. — Les professions de foi sont presque toutes les mêmes, toutes vous promettent monts et merveilles; tout cela c'est du vent; j'aurais mieux aimé de la pluie par ce temps de sécheresse, je suis même étonné qu'aucun candidat n'ait pas fait cette promesse aux électeurs de la campagne, particulièrement, c'est évidemment qu'il n'y aura pas songé, mais soyez convaincu que nous ne perdons rien pour attendre.

Jean Toupet — Allons donc ! voisin, vous voulez plaisanter.

Louis Retord. — Pas du tout, j'ai la conviction que tout cela est du pur charlatanisme.

Jean Toupet. — Cependant, les professions de foi sont la garantie du candidat envers l'électeur.

Louis Retord. — Je prétends, moi, que ce sont simplement des gobe-mouches dans lesquels on introduit un peu de miel, qui ne garantissent le plus souvent qu'une situation de rapport et d'agrément à l'élu.

Jean Toupet. — Vous ne pouvez cependant pas nier qu'il soit bon qu'un candidat expose son programme.

Louis Retord. — Entre l'exposé d'un programme et la réalisation, il y a loin ; il embrasse généralement trop, motif pour lequel il n'étreint rien. J'aimerais mieux un candidat qui ne promettrait rien et qui, une fois élu, accorderait beaucoup.

Jean Toupet. — Quand on promet, on tient généralement.

Louis Retord. — J'ai de l'expérience à ce sujet ; voilà déjà bien longtemps qu'on promet de diminuer nos impôts, tandis qu'on les augmente constamment.

Jean Toupet. — Il faut bien faire face aux nécessités.

Louis Retord. — Je conviens bien qu'il n'y a pas de gouvernement possible sans impôts, mais c'est vraiment abuser d'un peuple que de le pressurer de cette façon, quand il est surtout très-pauvre.

Jean Toupet. — Il paraît bien difficile d'apporter, quant à présent, une amélioration à cette situation.

Louis Retord. — Il est encore plus difficile de faire payer à un peuple ruiné des impôts écrasants, et pourtant cela a lieu.

Jean Toupet. — Mais, quel remède apporter à cet état de choses ?

Louis Retord. — Quel remède, voisin ? mais il est bien simple, le peuple n'a qu'à le vouloir et ce sera.

Jean Toupet. — Mais encore ! expliquez-vous ! J'ai hâte de vous entendre.

A cet instant, une brave paysanne de la ferme

voisine, en manches de chemise, agitait vivemen
son bras dans l'espace en signe d'appel, ce qui at
tira leur attention. Louis Retord reconnut, s;
femme, tandis que Jean Toupet, prêtant l'oreille
entendit clairement cet appel : « Le bœuf qu'es
échappé. » Sur ce, les deux interlocuteurs se sépa
rèrent, l'un courant à la recherche de son bœuf
l'autre demeurant très intrigué de l'idée que s'ap-
prêtait à lui suggérer son voisin.

Un jour se passa sans qu'aucune occasion n'ai
pu favoriser la reprise de la conversation subite-
ment interrompue par l'incident du bœuf échappé
Jean Toupet restait toujours sous le coup d'une
intrigue, tandis que Louis Retord ne songeait plu:
qu'à soigner son bétail.

Le deuxième jour, il y avait foire au canton
l'un et l'autre y conduisirent en compagnie leur:
bœufs, cochons et volailles. La foire fut mauvaise
tout était à bas prix ; encore les acheteurs se te-
naient-ils sur la réserve ; en sorte que, à défau
de vente, chacun d'eux ramena ses animaux.

Tonnerre de chien ! exclama Louis Retord, na-
vré, je suis en retard de deux mois pour paye
mes impôts, faute d'argent, le percepteur m';
déjà envoyé deux avertissements ; j'espérais er
faire un peu aujourd'hui, et enfin, rien du tout
Dieu ! que c'est donc malheureux tout de même
qu'en pensez-vous, Toupet ?

Jean Toupet. — C'est vrai que c'est triste, mor
cher Retord ! mais que voulez-vous ! nous n'y pouvons rien !

★

Louis Retord. — Comment ! nous n'y pouvons rien ? Mais au contraire, mon cher Toupet, nous pouvons tout ! c'est-à-dire, le peuple, le nombre, la masse ! Tenez ! venez souper ce soir avec moi, ma femme a tué un lapin, nous avons du pain frais, et faute de vin, nous arroserons le tout d'excellente piquette de guignes.

D'abord, vous me ferez plaisir, et ensuite nous pourrons reprendre le sujet de notre conversation de lundi.

Qui fut dit, fut fait.

A l'heure convenue, Jean Toupet répondit à l'invitation qui lui avait été faite.

Jean Toupet. — Bonsoir, Juliette.

Juliette Retord. — Bonsoir, Jean.

Jean Toupet. — La santé est-elle bonne pour tous ?

Juliette Retord. — Merci, assez bien. Asseyez-vous donc.

Jean Toupet. — Ne suis-je pas en retard ?

Juliette Retord. — Pas du tout, Louis tire à boire, tout est prêt et nous allons aussitôt nous mettre à table ; vous devez avoir faim ?

Jean Toupet. — Pas trop, par cette chaleur on boit davantage qu'on ne mange.

Louis Retord. — Le lapin est-il cuit, Juliette ?

Juliette Retord. — Oui, mon ami.

Louis Retord. — Alors mettons-nous à table ; asseyez-vous là, en face de moi, mon cher voisin, et causons : nous pouvons manger et causer à la fois.

Je vous disais donc, lundi soir, qu'il ne dépendait absolument que du peuple que son sort soit considérablement amélioré, à commencer par la réduction d'une bonne moitié des impôts dont il est grevé. Ainsi, moi qui dois, à l'heure actuelle, cent vingt-deux francs au percepteur, je me trouverais bien soulagé si cette dette était réduite à soixante et un francs, il me resterait encore soixante et un francs qui m'aideraient bien à faire mes affaires.

Jean Toupet. — Je partage ce sentiment, il est très légitime, mais tout cela ne dit pas comment on peut y arriver.

Louis Retord. — Attendez, mon voisin ; qui veut la fin veut les moyens. D'abord n'admettez-vous pas comme moi qu'il y a une multitude d'emplois inutiles, grassement rétribués, dont la charge nous incombe, à nous pauvres diables ! qui suons sang et eau pendant que beaucoup d'autres se gobergent à nos dépens ? Sans compter toute cette pléiade de gros fonctionnaires dont les traitements varient entre dix mille et trois cent mille francs, tout ça tiré de nos poches sans le moindre scrupule. Ah ! je comprends que toute cette fourmilière de repus ont grand intérêt à nous faire avaler des couleuvres, pendant qu'eux avalent du champagne et beaucoup d'autres bonnes choses qui nous coûtent fort cher. Tenez, voisin ! savez-vous qu'une revision radicale nous dégrèverait considérablement, ce qui nous ferait beaucoup de bien, à nous, pauvres travailleurs des villes et des campagnes !

**

Donc, pour obtenir cette première satisfaction et bien d'autres, il faut nous unir, c'est-à-dire tirer sur la même corde ; sur ce terrain-là, c'est facile, très facile, puisque toute la masse populaire a le même intérêt.

Jean Toupet. — Ça me paraît bien difficile, ce que vous me dites là ; cette masse populaire est trop divisée pour s'unir.

Louis Retord. — Pas du tout, mon cher voisin, il ne s'agit pas d'ergoter sur la forme gouvernementale, mais uniquement d'améliorer le sort de tout le monde par un allègement de charges inutiles. Oh ! je ne me dissimule pas qu'il s'en trouvera qui chercheront à nous barrer le chemin ; ceux-là n'ont pas le même intérêt que le peuple, mais bien un intérêt opposé, et ils trouveront toujours quelques niais pour les seconder dans leur tâche ; mais tous ces gens-là nous sont connus, il faudra dorénavant veiller et ne pas s'y laisser prendre.

Jean Toupet. — Je m'expliquerais difficilement qu'il puisse se trouver des gens capables de mettre obstacle à l'amélioration du sort de tout un peuple, mais j'ai néanmoins des appréhensions.

Louis Retord. — Entendons-nous ! Il faut bien convenir qu'il y a deux catégories de citoyens, celle qui paie et celle qui touche. Celle qui touche a toujours une tendance à toucher plus, toujours plus et encore davantage ; je ne vois pas pourquoi celle qui paie ne mettrait pas un frein à l'insatiabilité de l'autre.

Jean Toupet. — Et alors ?

Louis Retord. — Alors, pour arriver à ce résultat, il faut nécessairement que le peuple soit roi de la république et tous les députés ses sujets, qui devraient lui jurer partout et toujours fidélité, respect et obéissance.

Jean Toupet. — Le peuple roi et les députés ses sujets, c'est superbe, brillant d'idée, mais jamais les députés ne consentiront à devenir les sujets d'un peuple roi.

Louis Retord. — Ils le deviendront si on les y oblige ; est-ce que les candidats députés ne se font pas les humbles sujets du peuple, la veille des élections ? ne les voyez-vous pas parcourant les plus petits hameaux, répandant à profusion des boniments enchanteurs, implorant pour ainsi dire d'une voix suppliante les suffrages de ce bon peuple, sous prétexte qu'ils ne veulent que son bonheur ?

Jean Toupet. — Sans compter son argent.

Louis Retord. — J'allais vous le dire ; je crois, mon cher Toupet, que nous allons nous comprendre, mais laissez-moi continuer.

Jean Toupet. — Parlez ! je vous écoute avec intérêt.

Louis Retord. — Avez-vous jamais vu, après les élections, un député retourner au hameau ou á la ferme, s'enquérir de nos besoins ?

Jean Toupet. — Si, quelquefois.

Louis Retord. — Moi aussi, j'en ai vu revenir, mais presque toujours pour nous mentir sans scrupule, dans le but de soigner l'élection d'amis complaisants qui avaient soigné la leur au moyen des mêmes procédés, mais pour s'occuper de nos besoins, nique !

Jean Toupet. — Ça c'est bien vrai.

Louis Retord. — La veille des élections, voyez-vous, le candidat chérit le peuple, le caresse ; le lendemain, l'élu caresse toute la hiérarchie gouvernementale avec laquelle ils se tapent mutuellement sur le ventre, tandis que le peuple se le brosse.

Jean Toupet. — Ça, c'est encore vrai.

Louis Retord. — C'est si vrai, mon cher Toupet, qu'il faut à tout prix mettre un terme à cette fumisterie de mauvais goût. Pour cela, il devient nécessaire, indispensable de rompre le trait d'union qui lie si étroitement représentants et gouvernement, c'est-à-dire que les représentants soient dépendants du peuple et indépendants du gouvernement. Il faut enfin que les représentants soient honnêtes et sincèrement patriotes.

Jean Toupet. — C'est peut-être beaucoup en demander par le temps qui court.

Louis Retord. — Soyez tranquille ! nous y arriverons ! Autrement, il faudrait admettre que ce bon peuple français soit complètement privé d'intelligence, ce qui n'est pas.

Jean Toupet. — Le moyen ?

Louis Retord. — Le moyen consisterait d'abord à exiger des élus au conseil municipal, au conseil d'arrondissement, au conseil général, l'engagement

formel d'intervenir près du député de l'arrondissement, afin de le mettre, pour ainsi dire, en demeure
d'obtempérer aux décisions du peuple ; autrement,
aux élections suivantes, zut ! à un autre. Pour
cela, il devient nécessaire d'organiser dans chaque
arrondissement un comité subdivisé en sous-comi-
tés cantonaux et communaux.

Jean Toupet. — Pensez-vous qu'on ne rencon-
trerait pas des hésitants et même des récalci-
trants ?

Louis Retord. — J'en suis certain, mais du
moins cela permettrait de distinguer les vrais amis
et les faux amis du peuple. Du reste, pour arriver
à ce résultat, point ne serait nécessaire d'englo-
ber tout le monde dans cette organisation.

La France compte environ dix millions d'électeurs, quatre millions seulement bien organisés en
comités feraient déjà bien réfléchir députés et
gouvernants.

Jean Toupet. — Vous m'avez parlé, je crois, de
la diminution des impôts jusqu'à concurrence de
moitié, peut-être serait-ce trop pour commencer ?

Louis Retord. — Ce serait une question à
examiner, avec le temps elle est très possible.
Vous n'oubliez pas qu'à l'heure présente le budget
de l'État atteint le chiffre respectable de près de
quatre milliards.

Jean Toupet. — C'est épouvantable !

Louis Retord. — Vous dites bien, mon cher voisin, c'est épouvantable ! Vous imaginez-vous exac-
tement ce que c'est que quatre milliards ? Pour

vous en donner une idée, sachez bien qu'il faudrait au moins six cents paires de bœufs de la force des nôtres pour transporter cet énorme budget d'Etat, rien qu'en pièces de vingt francs. Tous les bœufs du canton n'y suffiraient pas !

Jean Toupet. — C'est à n'y pas croire !

Louis Retord. — C'est pourtant comme ça, mon cher Toupet, et bien comme ça, sans compter que la dette publique atteint cet autre chiffre, bien respectable encore, de trente-six milliards, et qu'elle tend continuellement à augmenter.

En faudrait-il, hein ! des bœufs pour la transporter la dette nationale, en pièces de cent sous !

Jean Toupet. — Mais c'est la ruine nationale, ce que vous me racontez là.

Louis Retord. — La ruine prochaine certainement si nous n'y mettons pas un peu d'ordre. Tenez, Toupet, écoutez-moi bien, nous allons faire un calcul ensemble.

Jean Toupet. — Je vous écoute.

Louis Retord. — La France comprend trente-six millions d'habitants, la dette nationale s'élève à trente-six milliards, divisez 36,000,000,000 par 36,000,000, le quotient est 1000 fr., ce qui veut dire que chaque Français, homme, femme et enfant, si on néglige la proportionnalité, doit pour sa part 1000 fr. Ainsi pour chacun de nous dont la famille se compose de six personnes, le père, la mère et quatre enfants, nous devons donc, sans nous en douter chacun six mille francs.

Jean Toupet. — Vous me donnez la chair de

poule, mais c'est tout ce que vaut mon petit patri-
moine.

Louis Retord. — Mais enfin me croyez-vous ?

Jean Toupet. — J'y suis bien forcé, les chiffres
sont là qui me démontrent que c'est malheureuse-
ment trop vrai.

Louis Retord. — C'est pourquoi il faudrait tout
au moins qu'on prélevât sur ce monstrueux budget
au moins cinq cent millions par an, pour l'amor-
tissement de la dette publique, qu'on y prélevât
encore, en attendant mieux, deux cent millions
qui seraient annuellement répartis entre toutes les
communes de France, proportionnellement au
chiffre de leur population. Ainsi, notre commune,
renfermant douze cents habitants, aurait chaque
année pour sa part environ sept mille francs.

Avec ces sept mille francs nous pourrions faire
construire, réparer nos chemins, ponts, abreuvoirs,
lavoirs, bâtiments communaux, et enfin pourvoir
à une grande quantité de besoins qui seraient
d'un grand secours pour notre agriculture, si pé-
nible et si ingrate à la fois.

Il y aurait en même temps un autre avantage,
bien grand encore, celui-là, qui consisterait à
pouvoir donner de l'ouvrage, particulièrement pendant l'hiver, aux tâcherons, journaliers et beaucoup d'autres ouvriers. Jugez donc un peu, seulement : 7000 fr. à dépenser chaque année dans notre
commune, cela représente, pour cinquante personnes, une somme de 140 fr. pour chacune d'elles.
Mais ce serait la vie ! pour tous ces pauvres dia-

bles qui sont obligés de se mettre la plupart du temps les dents au crochet faute d'ouvrage, et tout cela peut exister même en diminuant les impôts de tous.

Jean Toupet. — Mais c'est juste, très juste ce que vous me dites là, Retord.

Louis Retord. — Non seulement c'est juste, mais il nous le faut, et tonnerre de chien ! nous l'obtiendrons ! vous verrez ! marchez votre chemin seulement ! Ah ! dame ! ce jour-là j'irai comme vous au scrutin !

Jean Toupet. — Nous irons ensemble, hein ?

Louis Retord. — Certainement, et ce jour-là pas de division, hein ?

Jean Toupet. — Pas tout à l'heure, ce serait vraiment trop bête de se diviser pour la satisfaction des autres et notre malheur à nous, pauvres travailleurs ! Je vous le jure sur l'honneur ! mon cher voisin, A propos, ne serait-il pas urgent que nous soumettions notre combinaison à quelqu'un capable de nous aider dans cette tâche ?

Louis Retord. — Mais il est absolument utile de la soumettre à tout le monde, c'est même une nécessité ; moi je connais un ami à qui je me réserve d'en parler tout d'abord ; celui-là, soyez-en certain, nous donnera un riche coup de main. Je sais, au surplus, qu'il est très dévoué et qu'il ne cesse de s'intéresser au sort des déshérités comme nous et tant d'autres.

Jean Toupet. — Je veux l'aller voir avec vous, vous ne me priverez pas de ce plaisir-là, n'est-ce pas ?

Louis Retord. — Oui, cartainement nous irons le voir ensemble ; désormais notre cause, qui est la cause de tout le peuple, la bonne par conséquent, doit demeurer inséparable.

Jean Toupet. — Où demeure-t-il ?

Louis Retord. — A...

Jean Toupet. — Vous le nommez ?

Julien FRANCOEUR.

Paraîtra prochainement : la **Visite faite par Louis Retord et Jean Toupet à Julien Francœur,** *suivie du dialogue entre ces trois personnes.*

POITIERS. — TYPOGRAPHIE OUDIN ET Cie.